20個必學象形漢字練習簿 - 4

20 Must-learn Pictographic Chinese Characters Workbook

Coloring, Handwriting, Zhuyin

20 Must-Learn Pictographic Chinese Characters Workbook 4
Coloring, Handwriting, Zhuyin

Illustrated by Chris Huang
Edited by Iris Chiou
Proof Read by Catherine Farkas
Published by Cloud Chinese

Inside 44 pages Black & White
Paperback Color with Matte finished
Printed in US, by KDP
ISBN 13 : 978-1-7327063-1-6
Reference ID: 20AmaPap01
Language: : Chinese
Publication Date: 2021, Jan 2nd

白雲文化以傳承母國文化為目標，出版適合咱海外下一代的繁體注音繪本及教材。

CLOUD LEARNING
www.mycloudchinese.com
myeasyshows@gmail.com

白雲華語學苑是白雲文化的附屬中文學校，是海外第一家全線上華語僑校。以快樂學習華語、傳承台灣文化、愛家和生活為教學目標。

注音基礎班-各年級（K-12）招生中，歡迎聯絡白雲。

CLOUD CHINESES SCHOOL
www.mycloudchineseschool.com
school@mycloudchinese.com
847-917-0036

TABLE OF CONTENTS

I, ME

我 ㄨㄛˇ Wǒ

我 ㄨㄛˇ
©白雲華語學苑 mycloudchineseschool.com
我 ㄨㄛˇ
我 ㄨㄛˇ

STAR

星 ㄒㄧㄥ Xīng

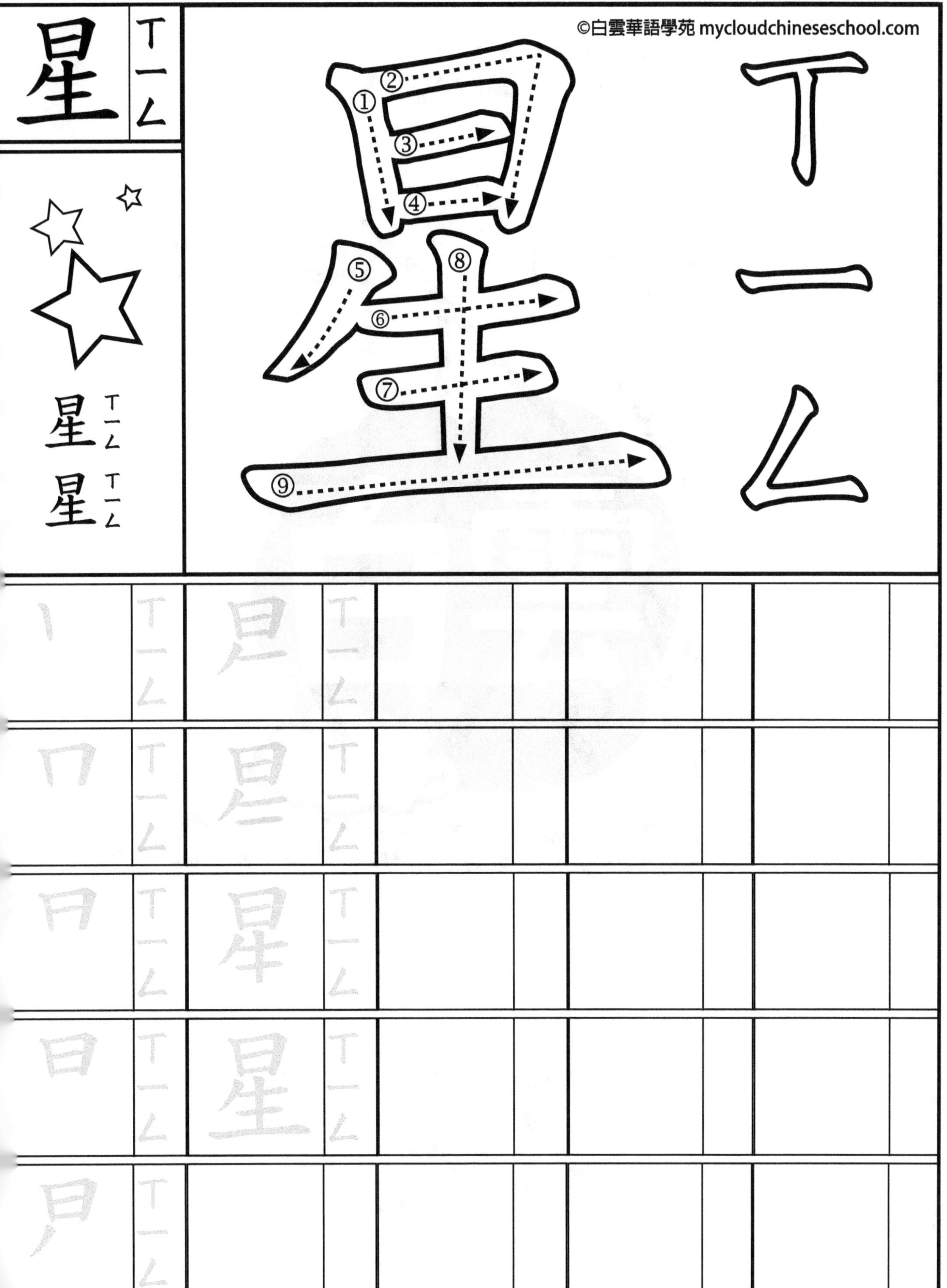
星 ㄒㄧㄥ
©白雲華語學苑 mycloudchineseschool.com
ㄒㄧㄥ
星 ㄒㄧㄥ
星星 ㄒㄧㄥ ㄒㄧㄥ
①
②
③
④
⑤
⑥
⑦
⑧
⑨

AT, IN, ON

在 ㄗㄞˋ Zài

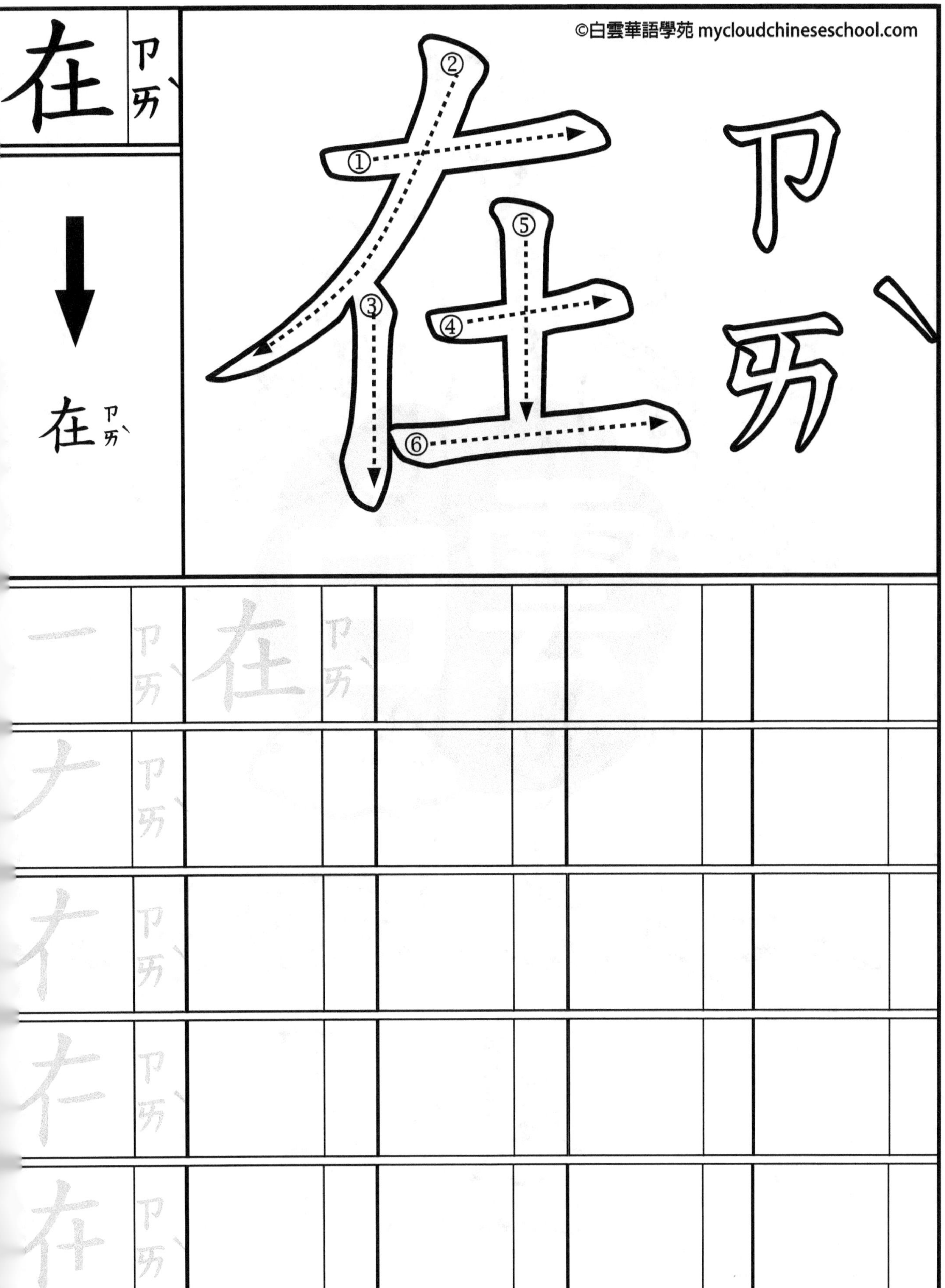
在 ㄗㄞˋ
在 ㄗㄞˋ
©白雲華語學苑 mycloudchineseschool.com
在 ㄗㄞˋ
①
②
③
④
⑤
⑥
ㄗㄞˋ
在
ㄗㄞˋ

SIT

坐 ㄗㄨㄛˋ Zuò

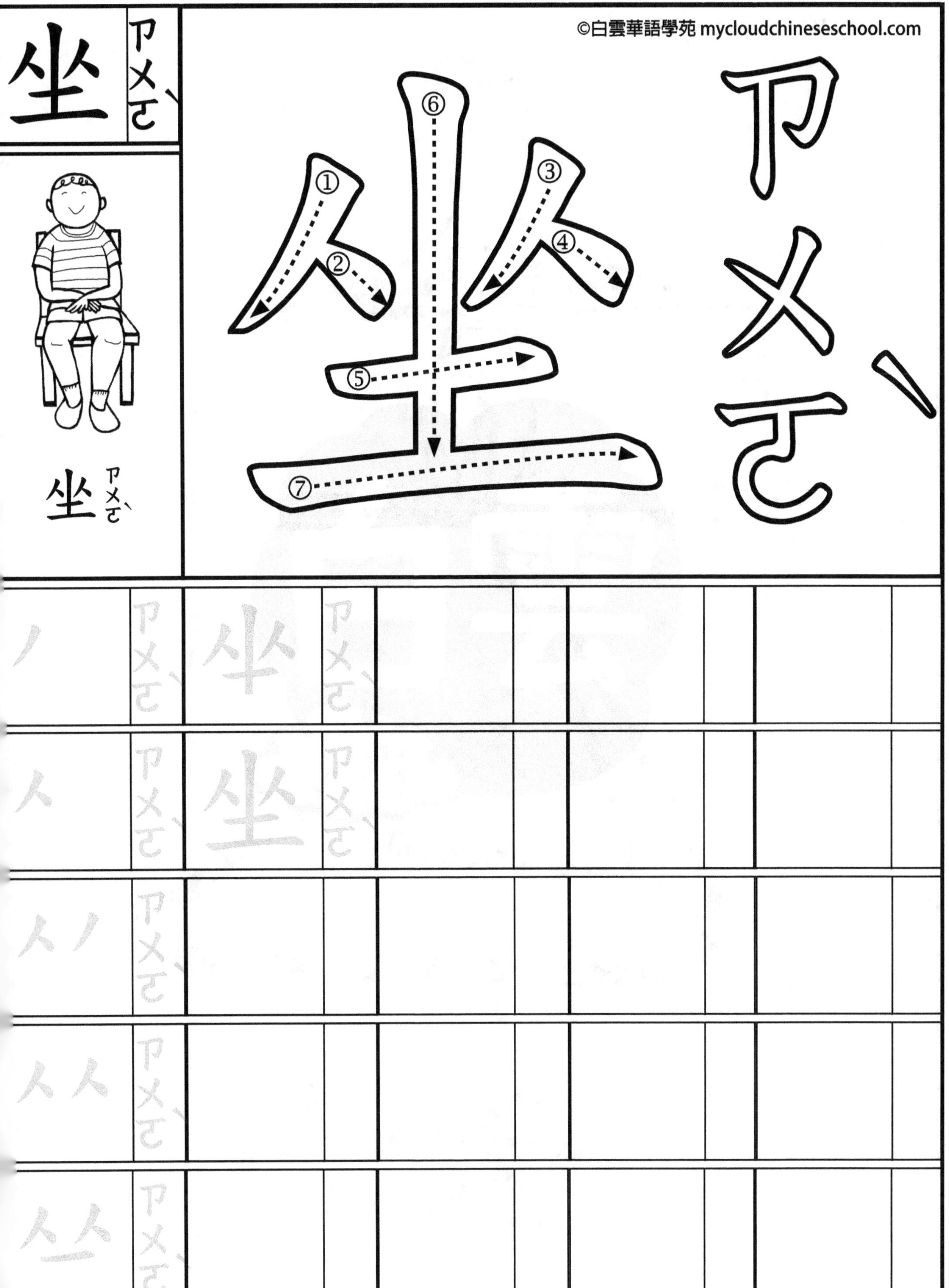
坐 ㄗㄨㄛˋ
©白雲華語學苑 mycloudchineseschool.com
坐 ㄗㄨㄛˋ
坐 ㄗㄨㄛˋ

GO

去 ㄑㄩˋ Qù

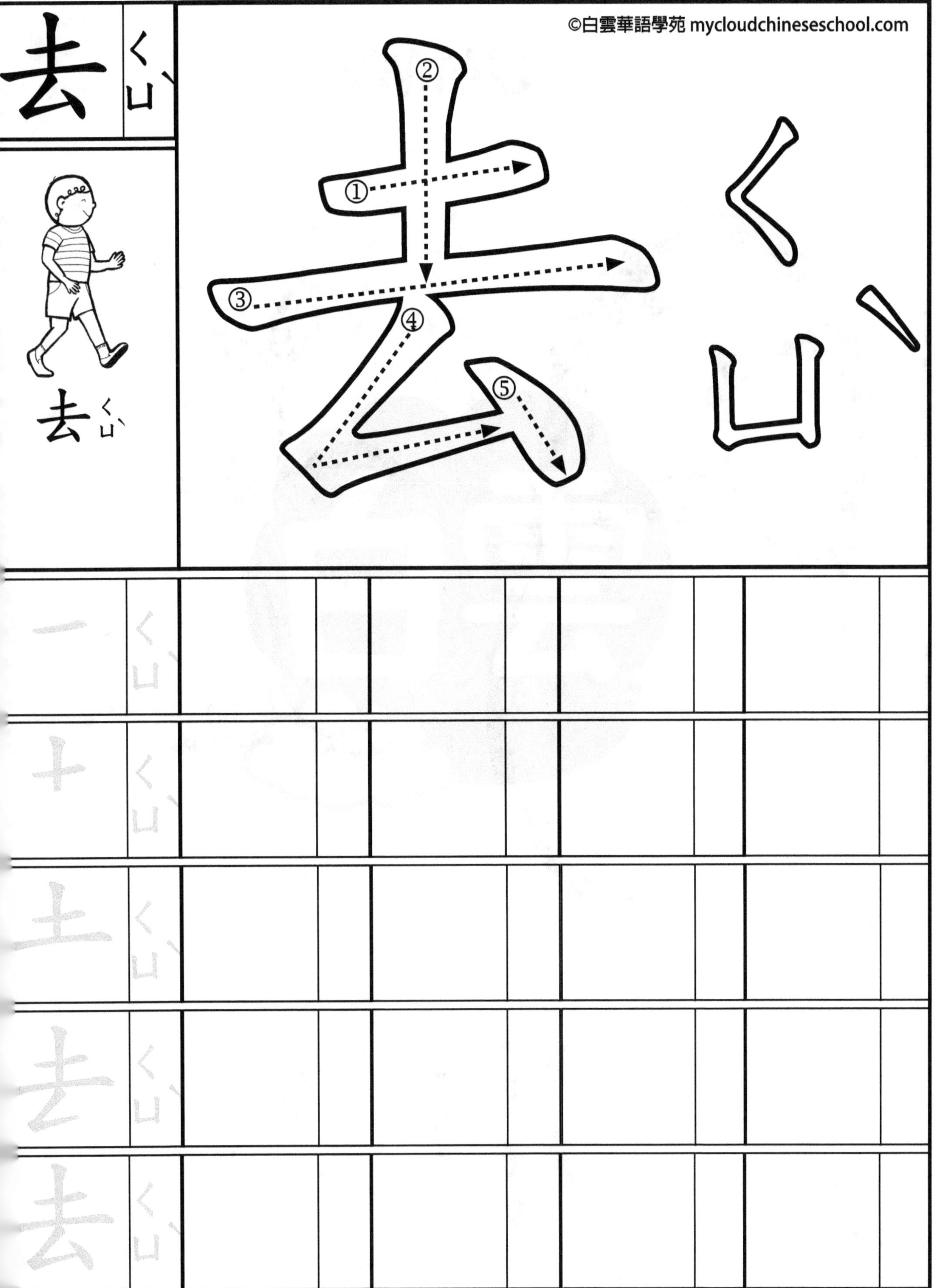
去 ㄑㄩˋ
©白雲華語學苑 mycloudchineseschool.com
ㄑㄩˋ
去 ㄑㄩˋ

TUMMY

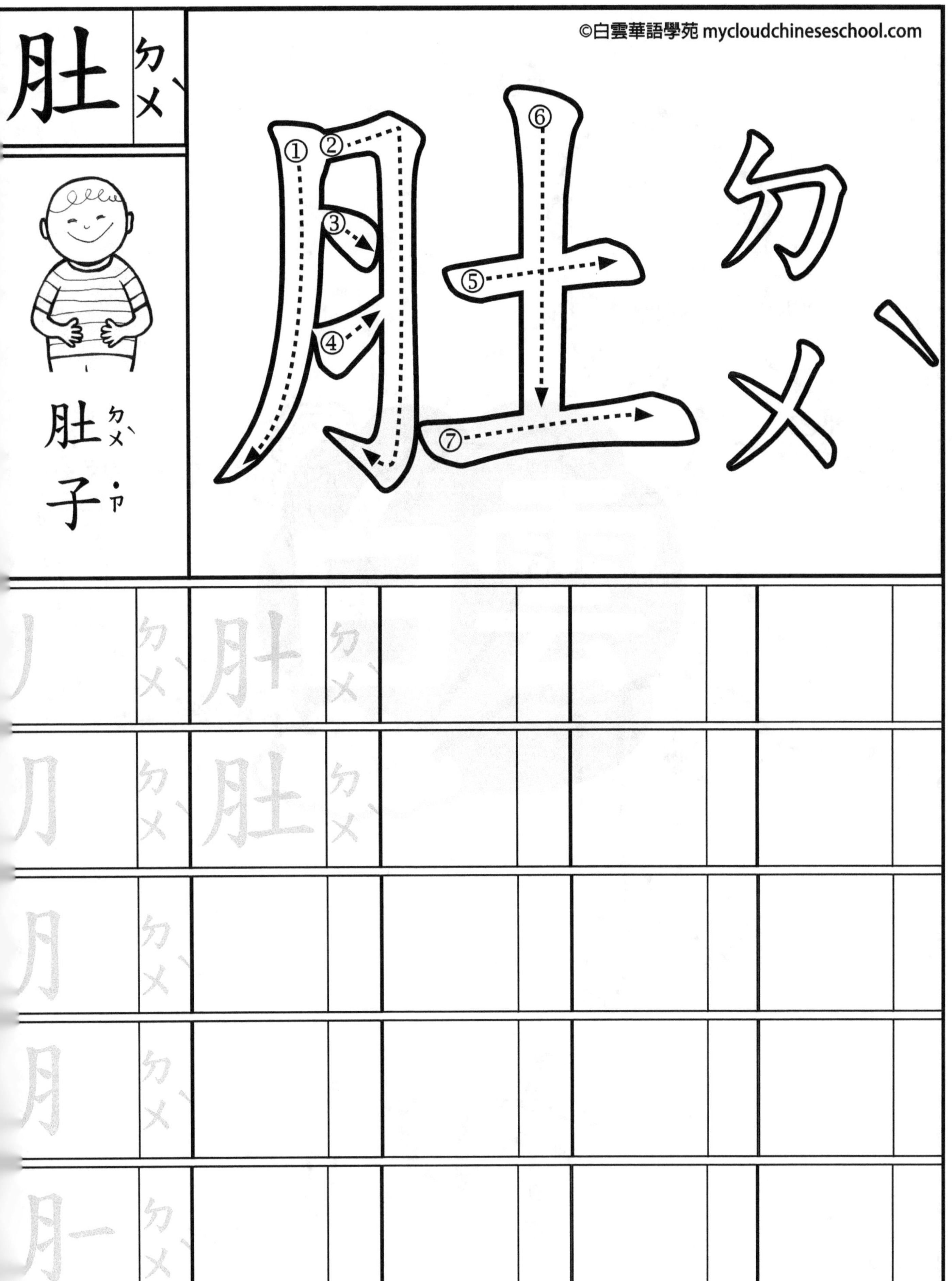

肚 ㄉㄨˋ
©白雲華語學苑 mycloudchineseschool.com
肚 ㄉㄨˋ
肚子 ㄉㄨˋ ˙ㄗ
①
②
③
④
⑤
⑥
⑦

AND
和 ㄏㄢˋ
Hàn

和 ㄏㄢˋ
©白雲華語學苑 mycloudchineseschool.com
和 ㄏㄢˋ
我ㄨㄛˇ
和ㄏㄢˋ
你ㄋㄧˇ

MEAT

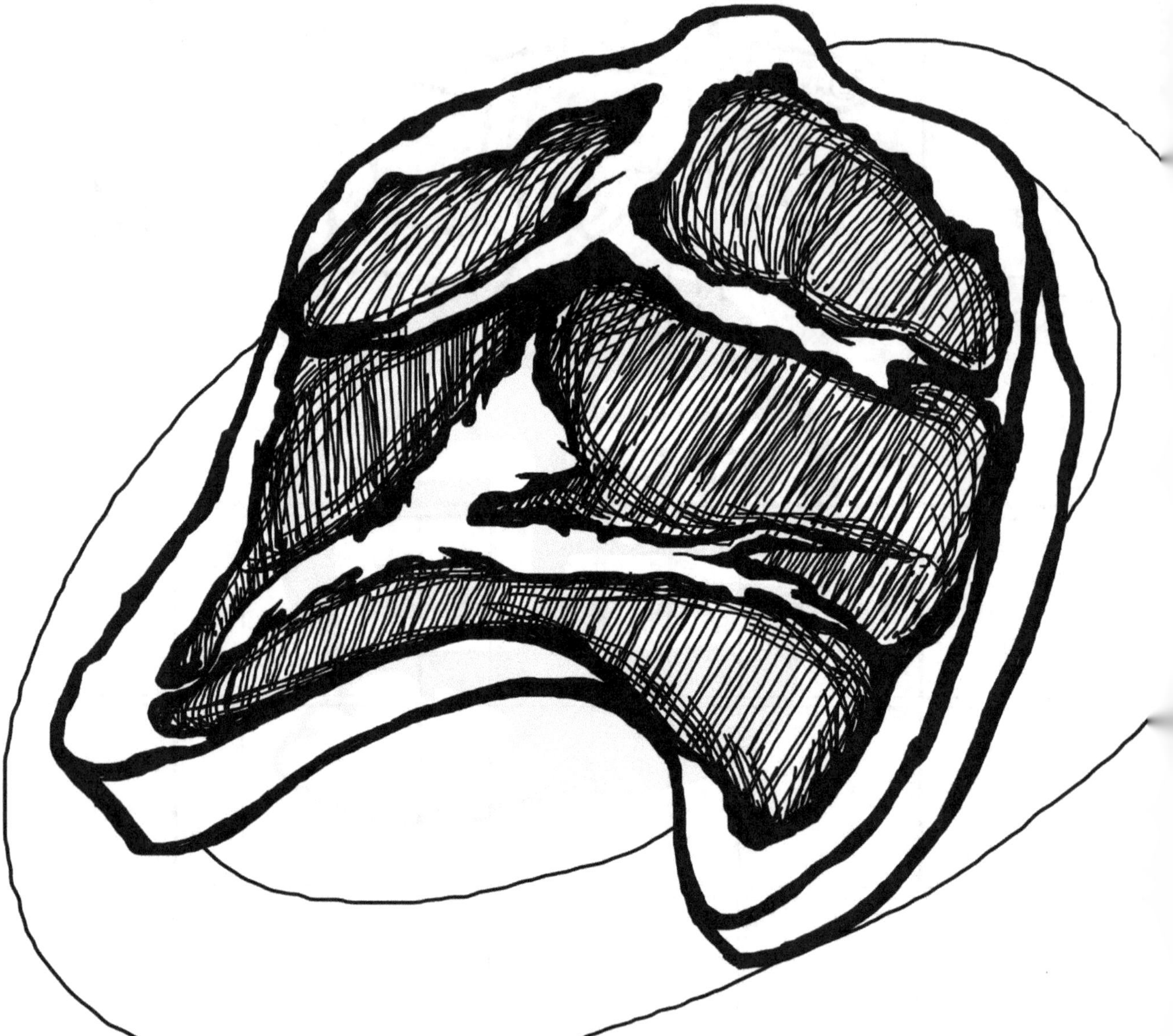

肉 ㄖㄡˋ Ròu

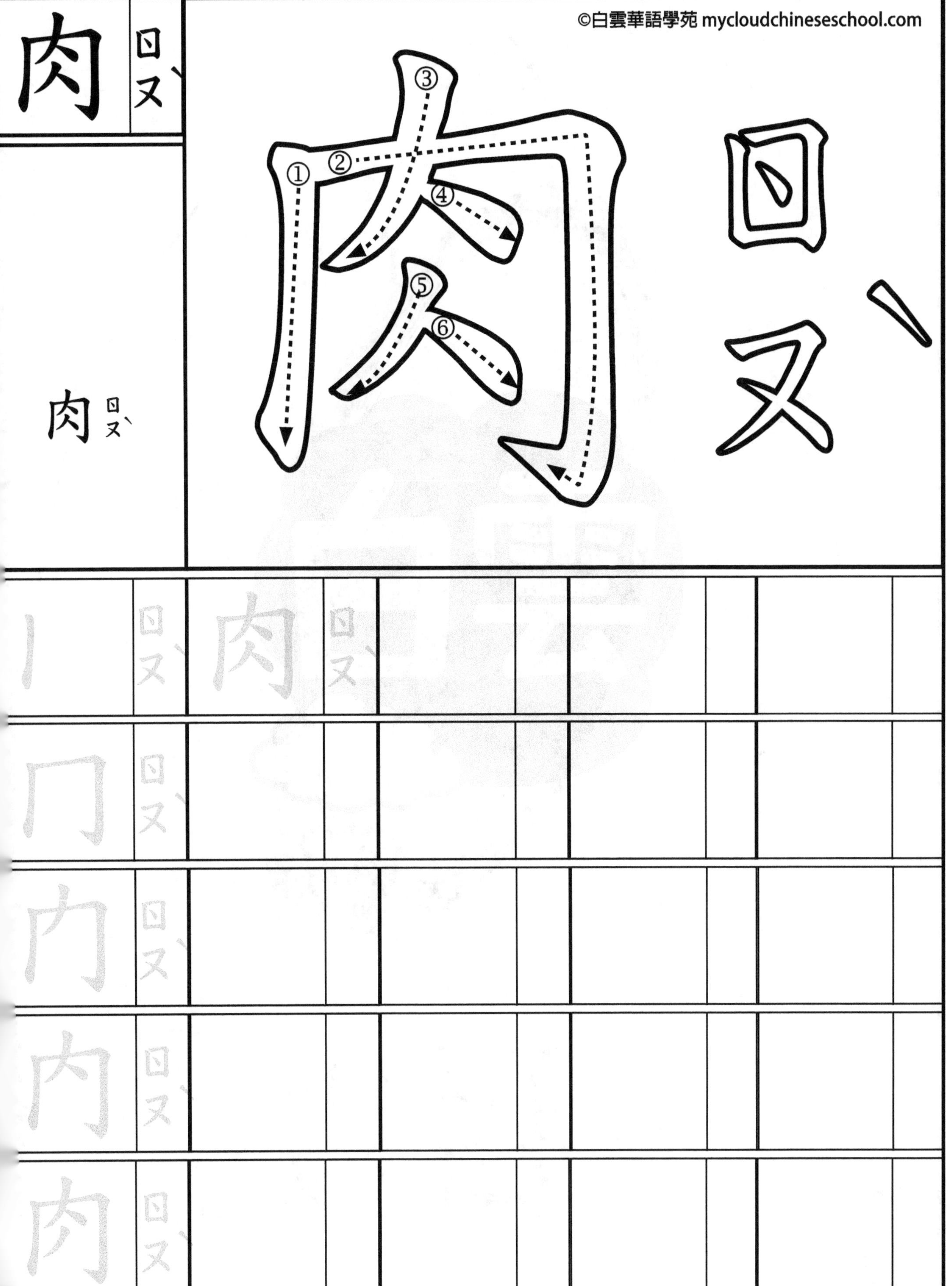
肉 ㄖㄡˋ
©白雲華語學苑 mycloudchineseschool.com
肉 ㄖㄡˋ
①
②
③
④
⑤
⑥
ㄖㄡˋ

EYE

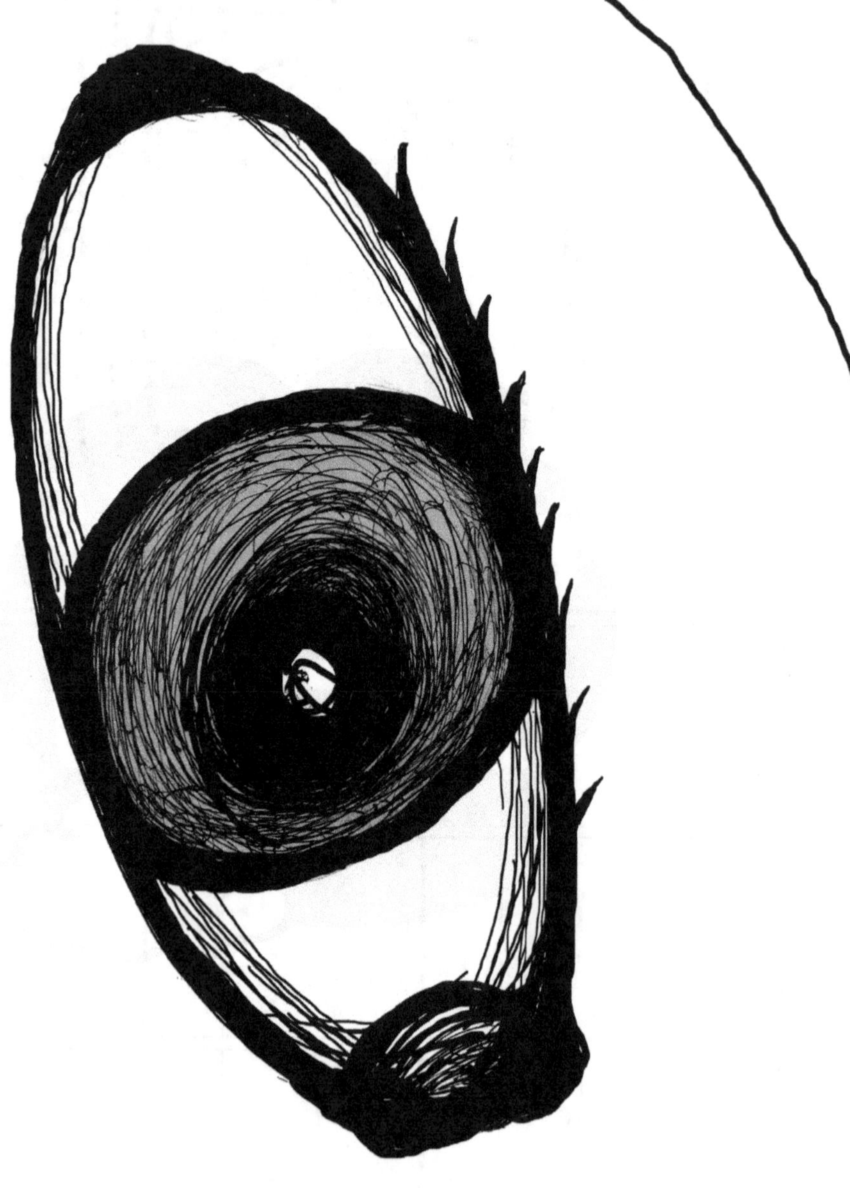

目 ㄇㄨˋ Mù

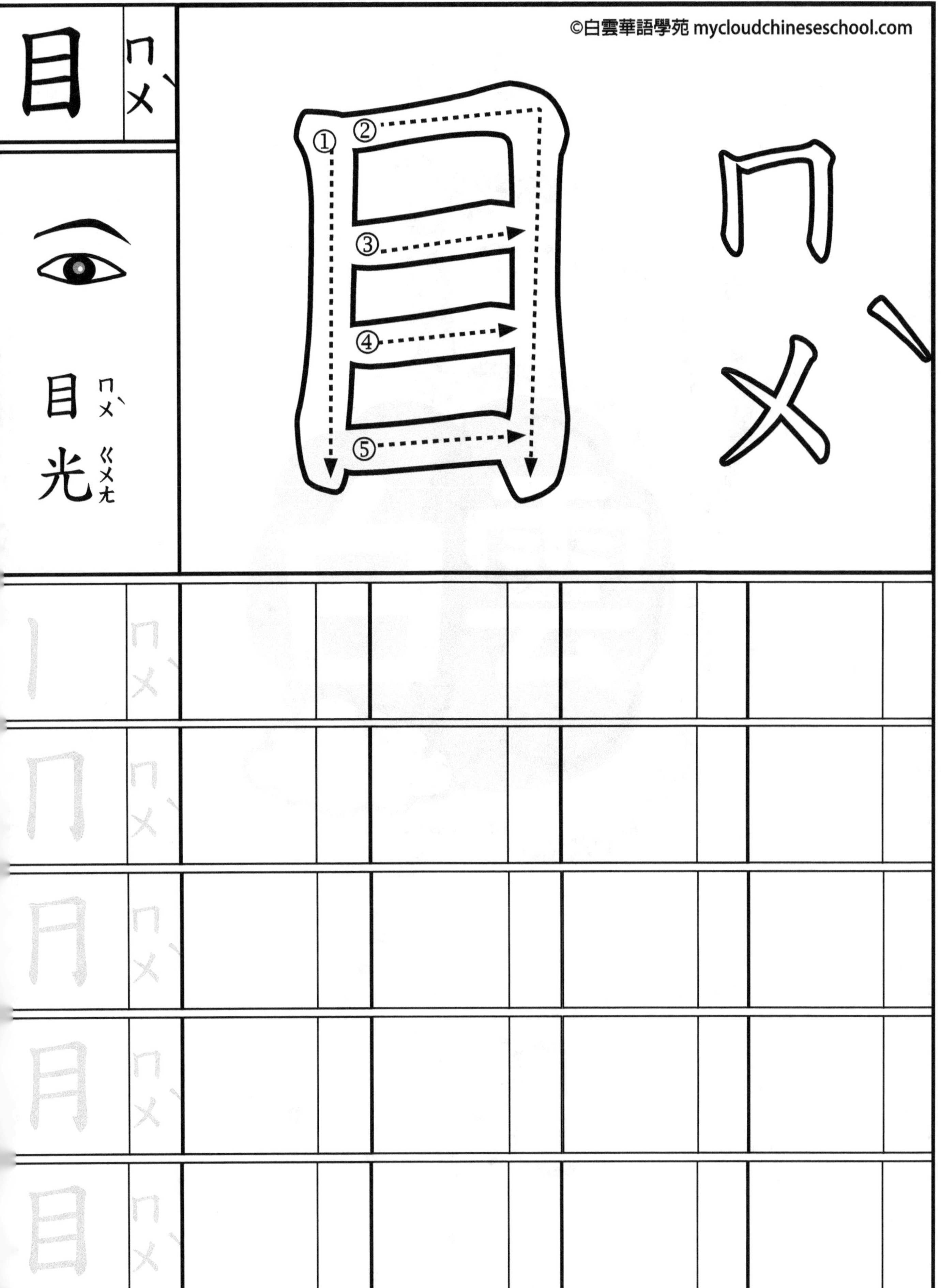

目
ㄇㄨˋ
©白雲華語學苑 mycloudchineseschool.com
①
②
③
④
⑤
目 ㄇㄨˋ
光 ㄍㄨㄤ

EAR

耳 ㄦˇ

Ěr

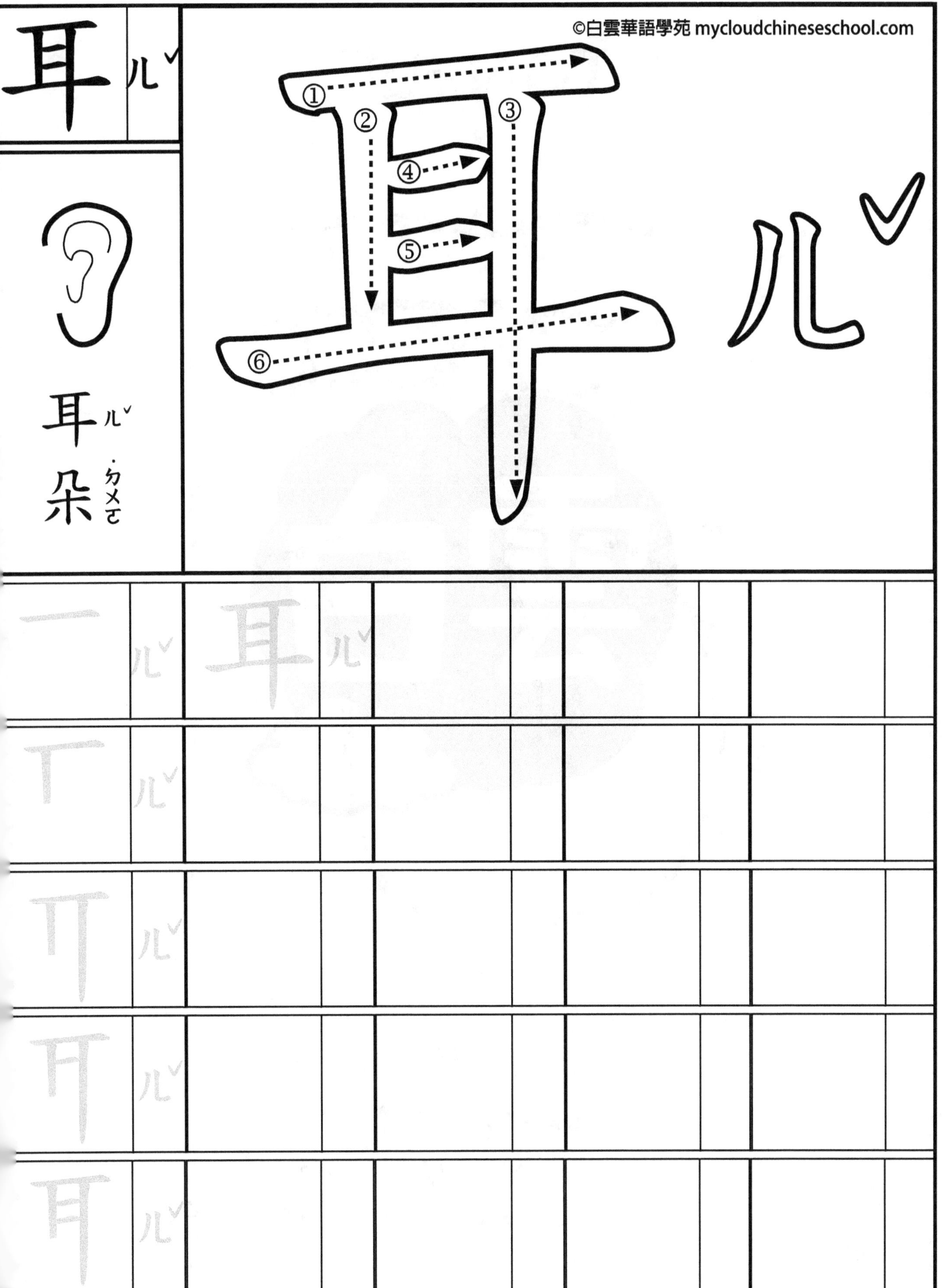
耳 ㄦˇ
耳 ㄦˇ
朵 ˙ㄉㄨㄛ
©白雲華語學苑 mycloudchineseschool.com
耳 ㄦˇ
①
②
③
④
⑤
⑥
耳 ㄦˇ

TONGUE

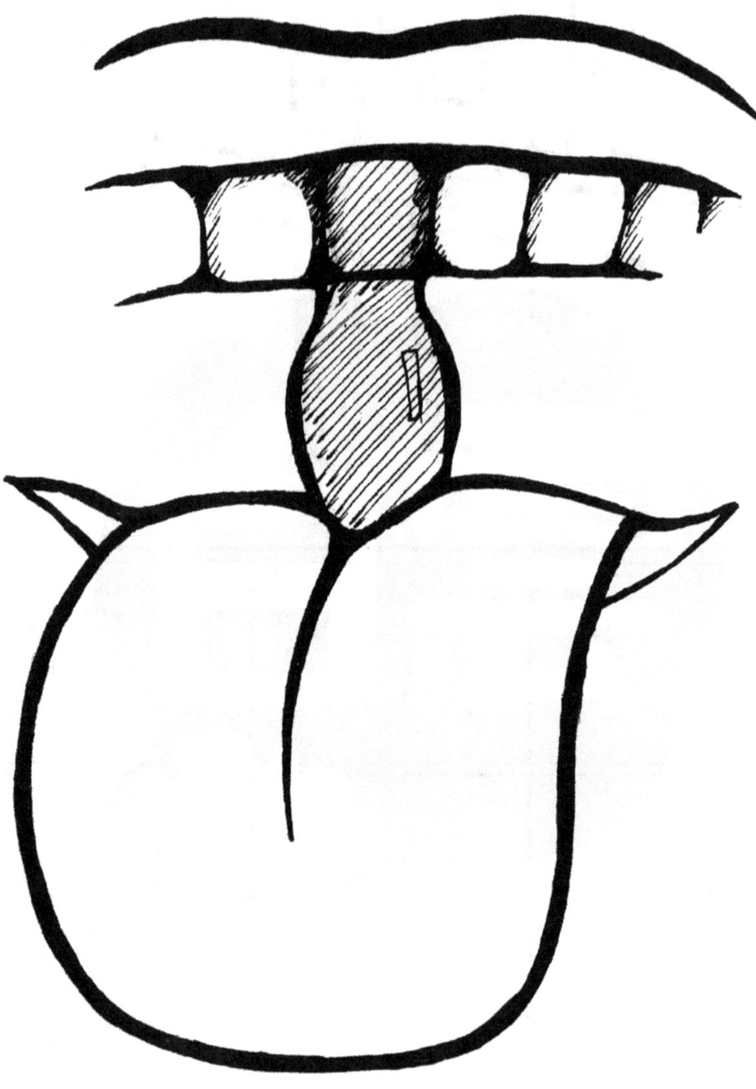

舌 ㄕㄜˊ Shé

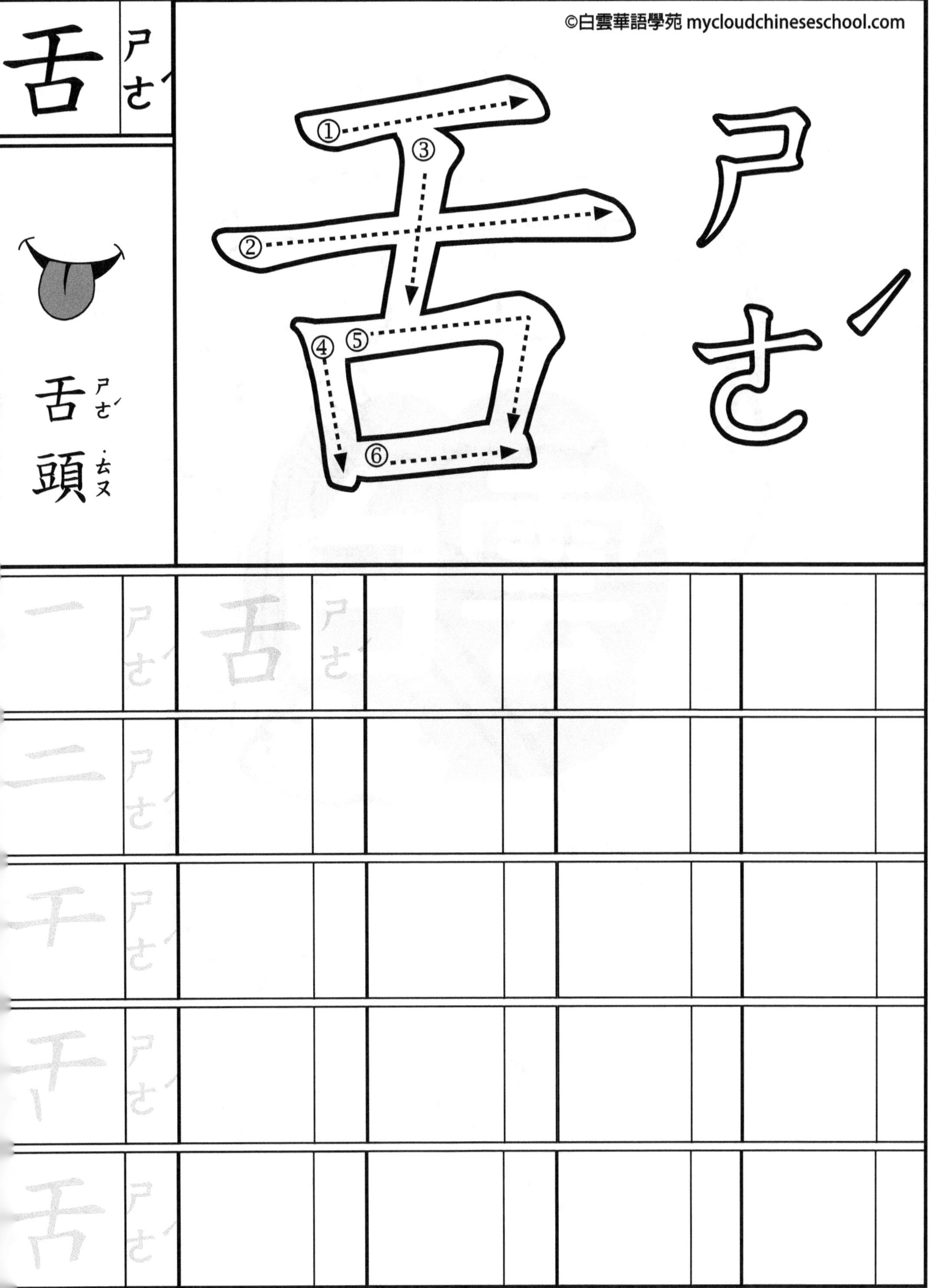
舌 ㄕㄜˊ
①
②
③
④
⑤
⑥
舌 ㄕㄜˊ
舌 ㄕㄜˊ
頭 ˙ㄊㄡ

TOOTH

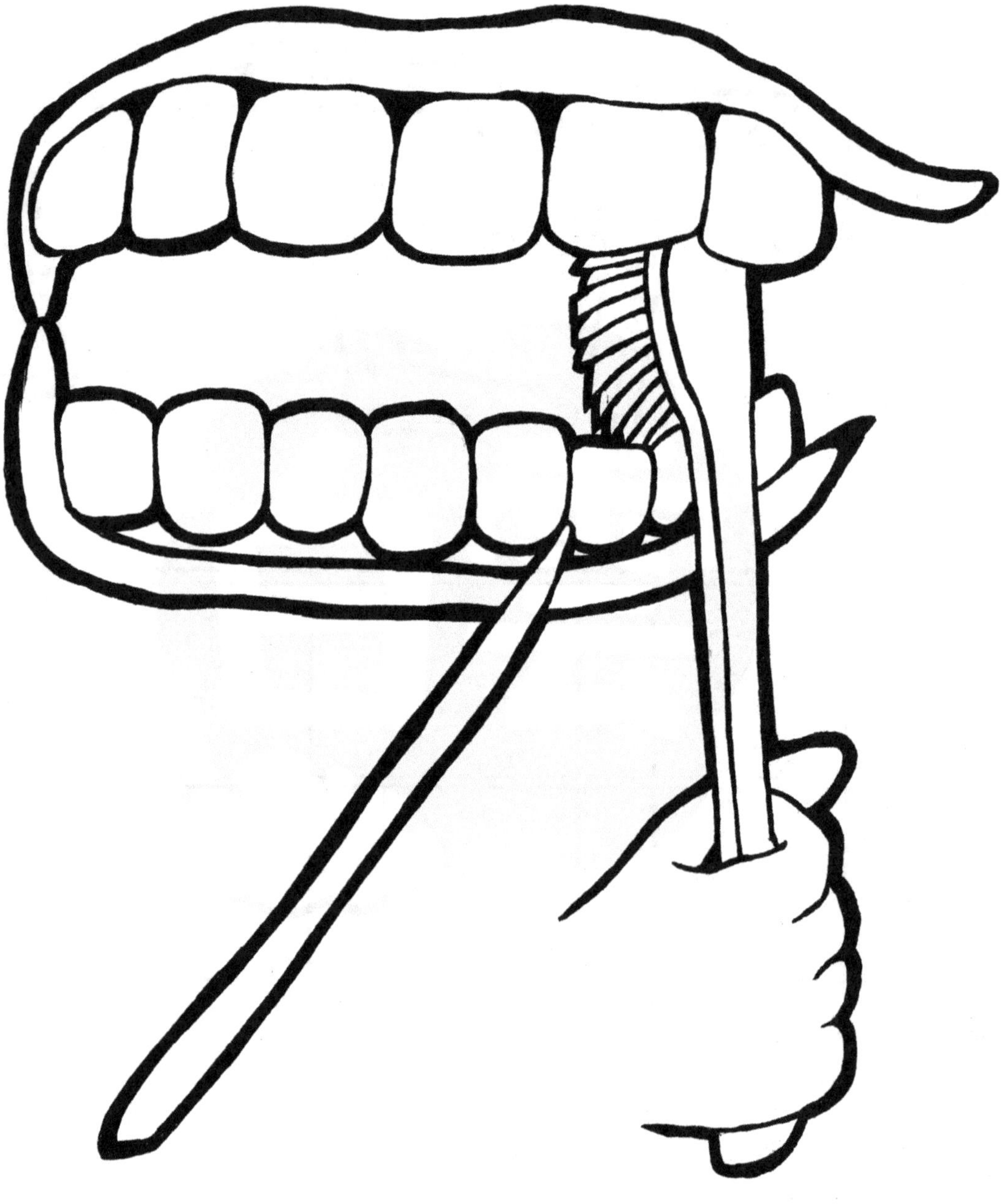

牙 ㄧㄚˊ Yá

牙 ㄧㄚˊ

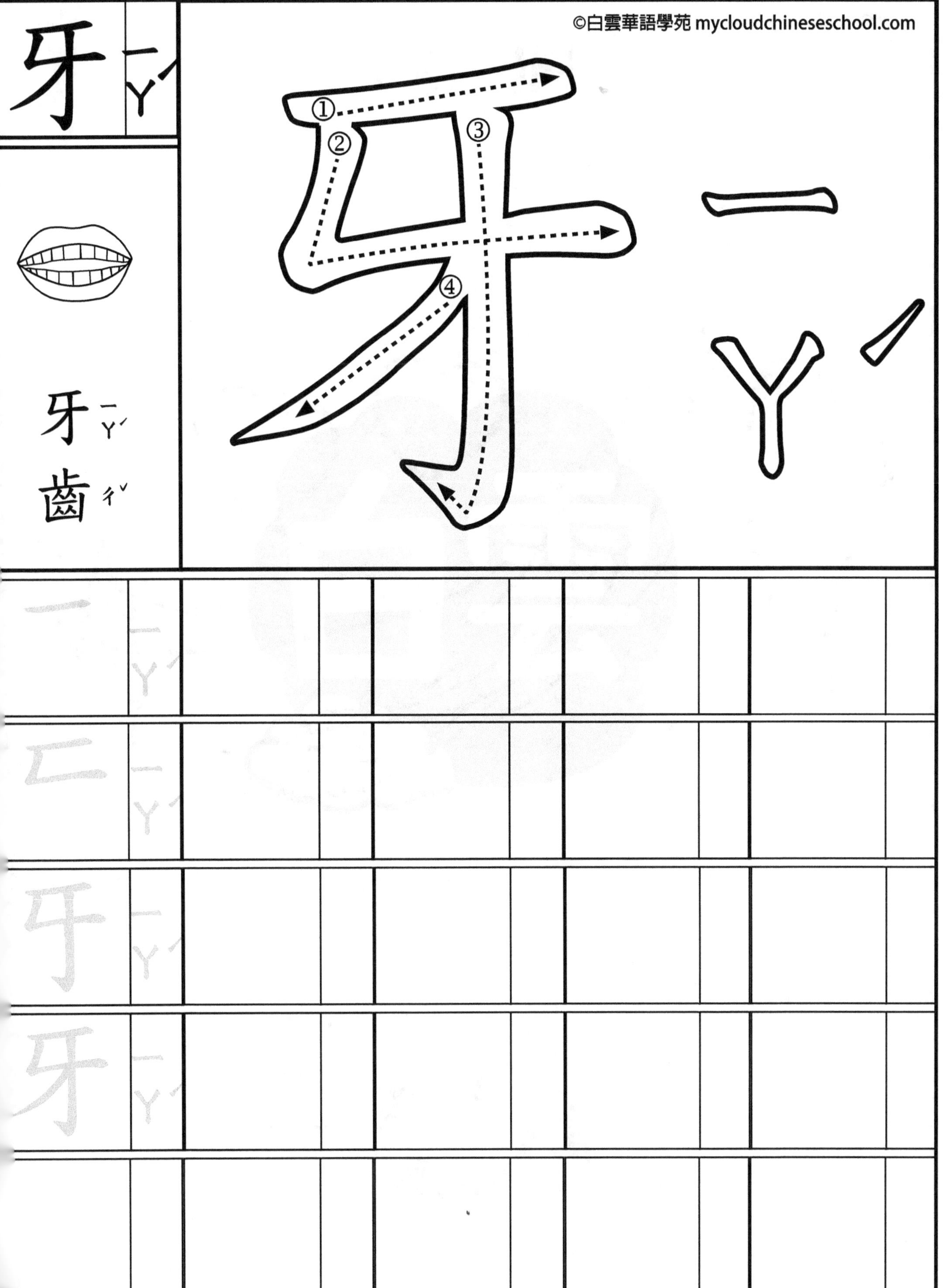

HEART

©白雲華語學苑 mycloudchineseschool.com
心 ㄒㄧㄣ
愛ㄞˋ
心ㄒㄧㄣ
①
②
③
④
ㄒㄧㄣ

GOOD

好 ㄏㄠˇ Hǎo

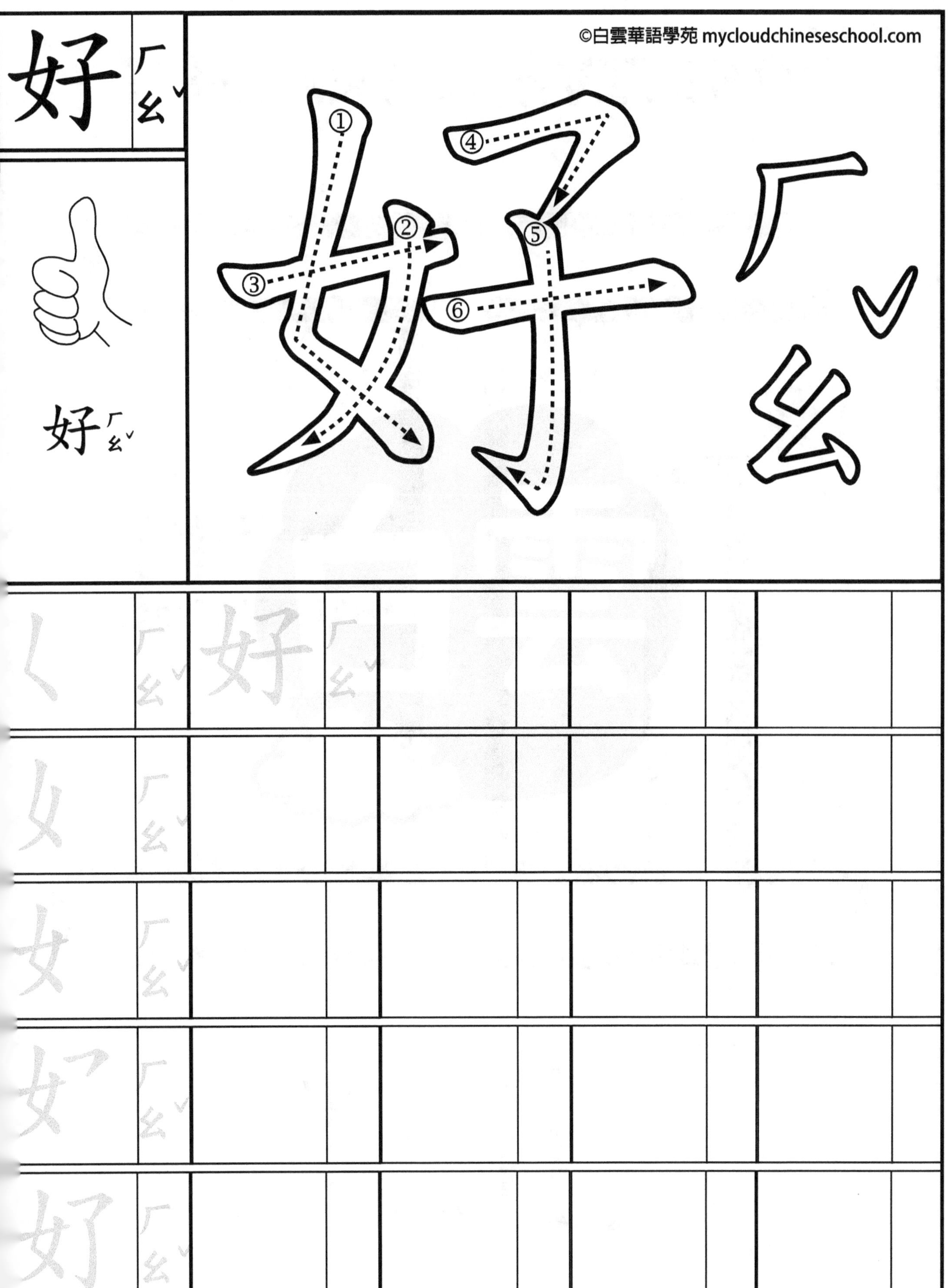
好 ㄏㄠˇ
©白雲華語學苑 mycloudchineseschool.com
好 ㄏㄠˇ
ㄏㄠˇ
好 ㄏㄠˇ

POSITIVE, STRAIGHT

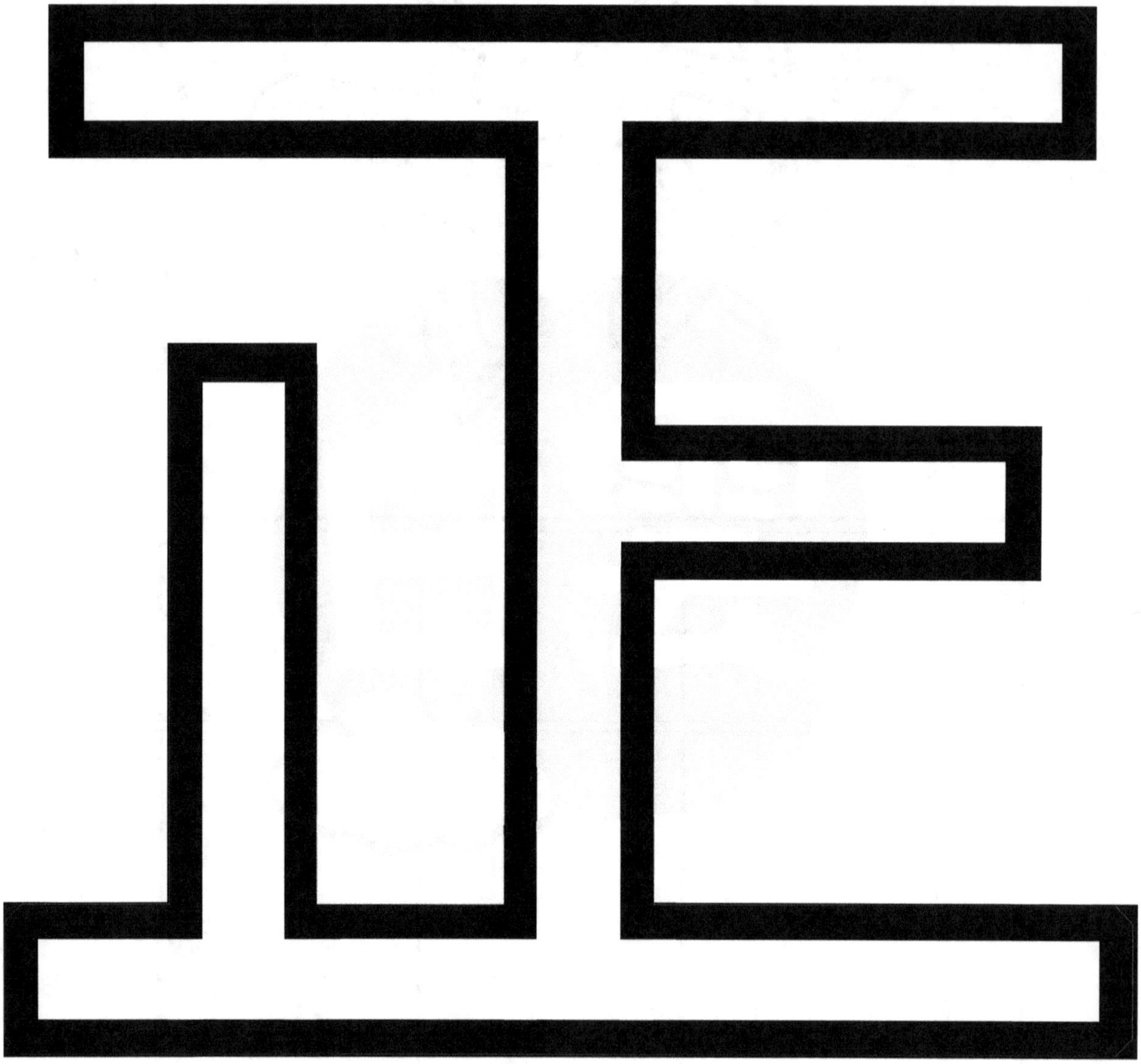

正

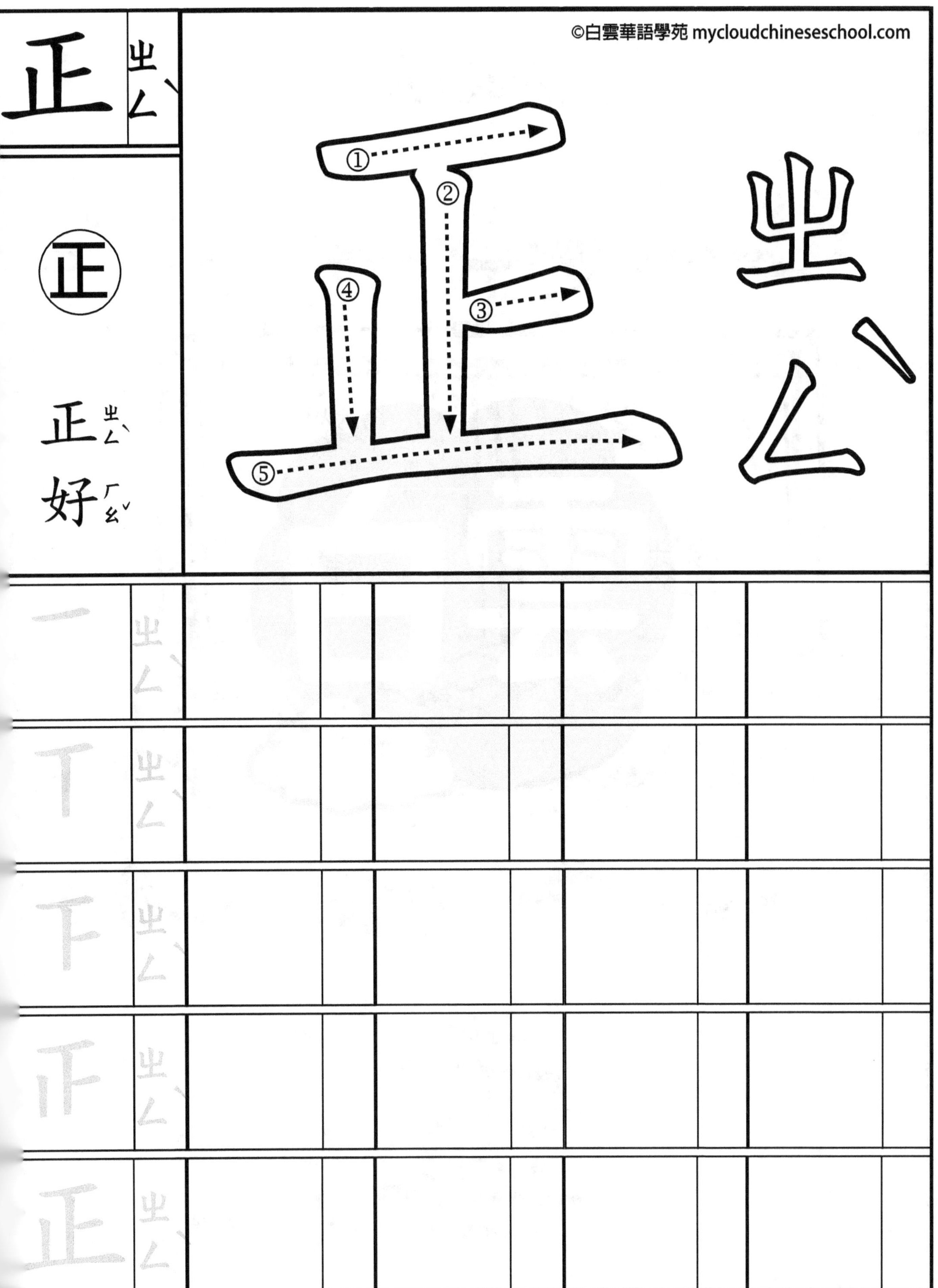
正 ㄓㄥˋ
正
正 ㄓㄥˋ
好 ㄏㄠˇ
①
②
③
④
⑤
ㄓㄥˋ

SNOW

雪 ㄒㄩㄝˇ Xuě

白雲

雪 ㄒㄩㄝˇ
下 ㄒㄧㄚˋ
雪 ㄒㄩㄝˇ
ㄒㄩㄝˇ

GROUND

地 ㄉㄧˋ

Dì

地 ㄉㄧˋ

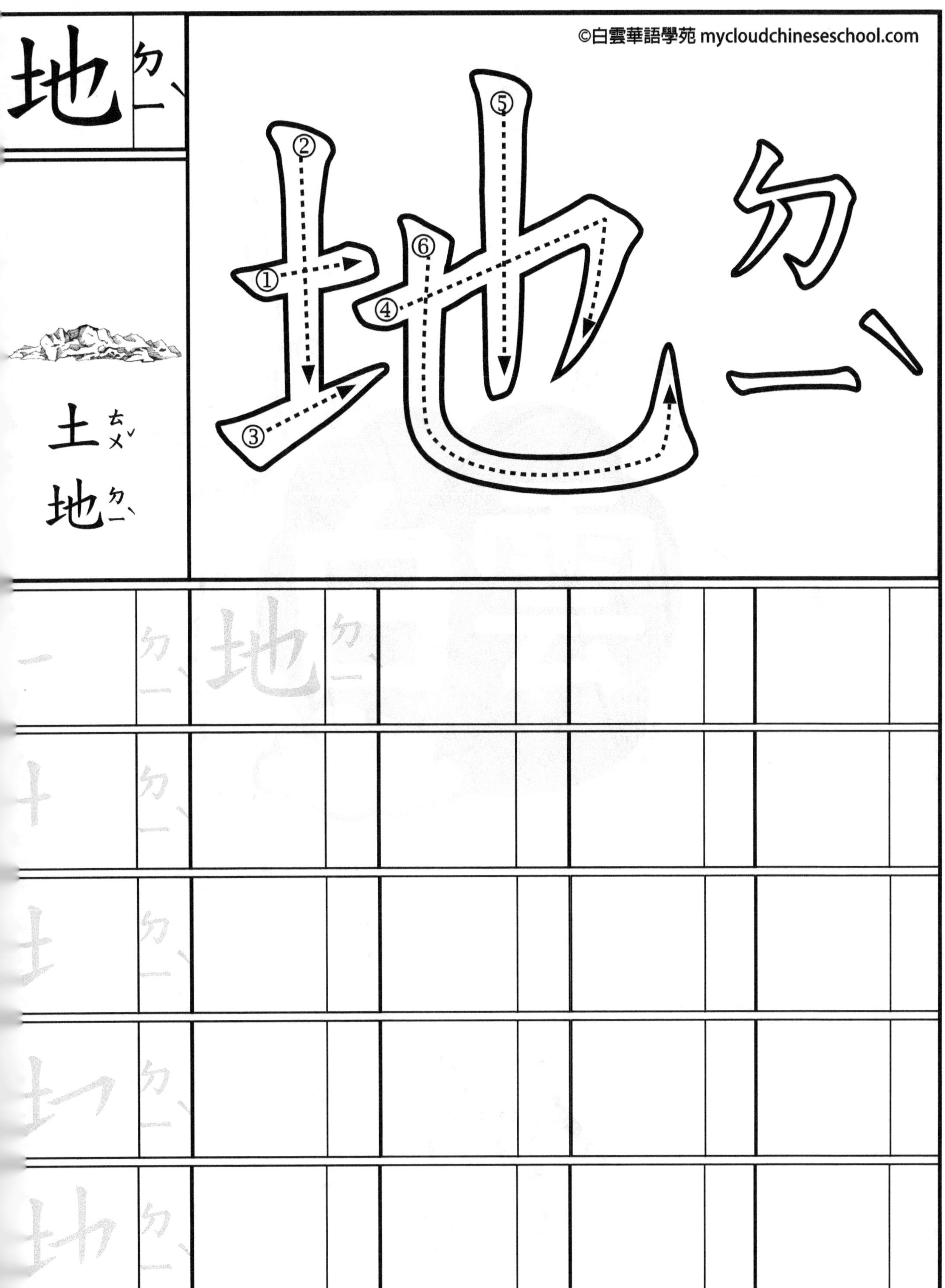

BAMBOO

竹 ㄓㄨˊ Zhú

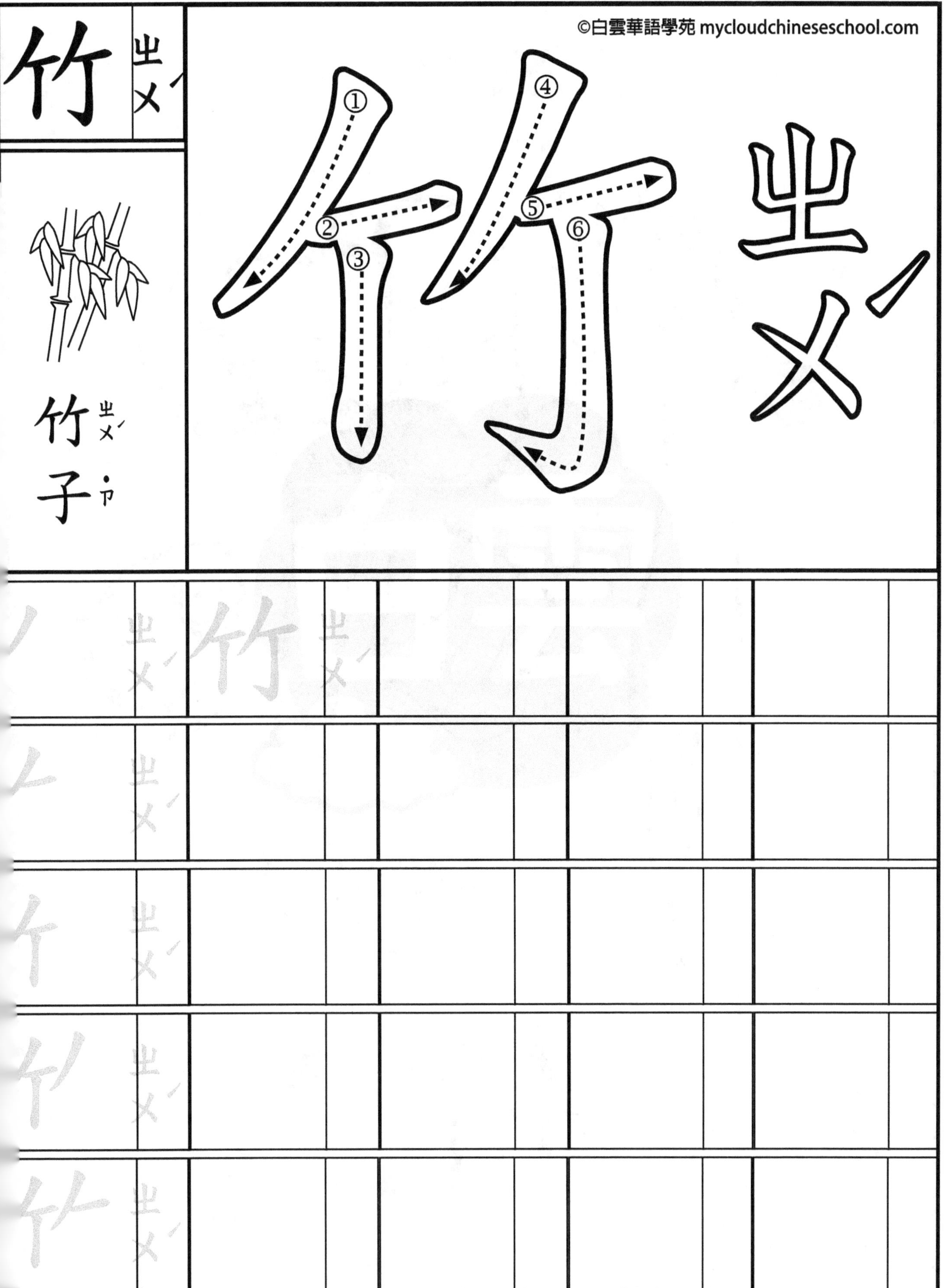
竹 ㄓㄨˊ
©白雲華語學苑 mycloudchineseschool.com
竹子 ㄓㄨˊ ˙ㄗ

YOU

你 ㄋㄧˇ

Nǐ

你 ㄋㄧˇ

HE, HIM

他 ㄊㄚ Tā

他
ㄊㄚ
©白雲華語學苑 myclouchineseschool.com
他
ㄊㄚ
他
ㄊㄚ
① ② ③ ④ ⑤

白雲文化教育

請支持海外繁體注音繪本及教材。

黃老師
Chris Huang
● 主編

白雲團隊編製

EZ說華語
EZ Chinese Conversation

拼音拼讀全集
Chinese Pinyin Pronunciation

說說華語
Our Chinese Conversations

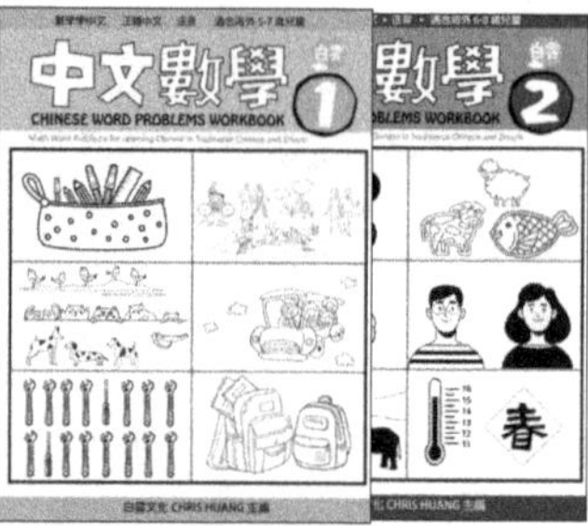

中文數學練習題
Chinese Word Problems Workbook

黃老師
Chris Huang
● 繪圖
● 編寫

阿嬤的滷肉飯
Ama's Lu Rou Fan

媽媽的家在台灣
Mama's Home in Taiwan

我愛媽媽
I Love Mama

Yummy 100

我的ㄅㄆㄇ練習本
My Zhuyin Workbook

我的說唱畫ㄅㄆㄇ讀本
My Zhuyin RAP & Drawing

100個必學象形漢字
100 Must-learn Pictographic Chinese

www.ingramcontent.com/pod-product-compliance
Lightning Source LLC
LaVergne TN
LVHW081254100826
845148LV00009B/1223

* 9 7 8 1 7 3 2 7 0 6 3 1 6 *